LA HOGUERA DEL OLVIDO

LA HOGUERA DEL OLVIDO

Juan José Ordóñez

ONDINA
EDICIONES

Colección Verdemar

Portada: Miguel Ordóñez. Diseño/maquetación: CAN

ONDINA
EDICIONES

© **de la obra:** Juan José Ordóñez
© **de la edición:** Enter Servicios Informáticos

ISBN: 978-84-127971-5-2
DEPÓSITO LEGAL: M-1603-2024

Impreso en España
Primera edición: enero 2024

LA HOGUERA DEL OLVIDO

Para mis nietas, Vera y Carla.
Por tanto que me dan y su ternura.

Sólo recuerdo la emoción de las cosas,
y se me olvida todo lo demás;
muchas son las lagunas de mi memoria.

Antonio Machado

¿Qué harías tú si tu memoria estuviera llena de olvido, qué
harías tú en un país al que no querías llegar?

Antonio Gamoneda

LAVADERO

…vi los laureles suburbiales y,
en la pureza de los lavaderos,
madres arrodilladas sobre el agua.

Antonio Gamoneda

Madres prematuramente encorvadas,
con el balde de zinc
a la cabeza,
penetraban con sus manos misericordiosas
en las aguas heladas del lavadero.

No he visto mayor desolación
que aquellas manos
retorciendo las sábanas
contra los aullidos
de la suciedad invisible.

LA HORA DE LA CENA

Un coro de lamentos enmascarados
rasga la tarde.

La humedad acaricia con sus garras de plata
tu febril palidez.

Fatigada te inclinas
sobre el puchero humeante.

Es la hora de la cena.

Ladran perros hambrientos a lo lejos
mientras la radio nacional vomita
tras el himno
las infames inauguraciones del día.

CORTE DE LUZ EN El CINE MARISINA

Primera fila de platea y jueves,
tolerada para todos los públicos,
un wéstern:
forajidos,
indios contra vaqueros
más el *sheriff*.

Cuando estaban a punto
de hacernos prisioneros
llegabas,
inoportuno,
a salvarnos.

Y al salir,
esquivando las balas y la lluvia,
de nuevo la realidad amordazada:
penurias,
oscuridad,
rutina;
aquella España.

UN CARAMELO EN LA VENTANA

Por el cinco de enero,
para el seis, yo quería
que fuera el mundo entero
una juguetería.

Miguel Hernández

Van y vienen las nietas por la casa
celebrando con alborozo los regalos.

Enmudecido por el fragor de los recuerdos,
las contemplo ausente
desde una esquina del salón
abarrotado de cajas, cintas, bolsas
y papeles de colores chillones.

Hace ya muchos años, casi un siglo,
un seis de Enero como hoy,
impacientes,
su bisabuelo y diez hermanos
recorrían las sombrías habitaciones
del viejo caserón
para ver si los reyes,
además de alpargatas y una muda,
les habían dejado
en alguna ventana
un caramelo.

LECCIÓN DE ECONOMÍA

Llegaban de madrugada
cada sábado
con sus blancas mantecas
al mercado.

Venían de Buyeres,
de Ovín,
de Castañera.

Iban bajando el precio
a medida que transcurría
la mañana.

Al final, por apenas diez reales,
te la daban
envuelta en hojas verdes.

De regreso a casa, extenuadas,
nunca,
nunca les salían las cuentas.

TERCERA IMAGINARIA

A Félix Alonso

De guardia
en la garita de la memoria
nos sorprende el amanecer
con la pluma cargada
al acecho de la palabra
necesaria.

Escribir se parece,
tantas veces,
a dispararle
a ciegas
con balas de fogueo
a la vida.

BOSQUES DE LA MEMORIA

Bosques de la memoria,
sacudidos por vendavales de recuerdos,
nos convocan a diario
a la liturgia
de la claudicación definitiva.

Por las copas desnudas
de árboles centenarios
merodea al acecho
el olvido letal.

Y a la noche,
cuando la oscuridad abrasa,
un eco agonizante de voces prisioneras
envuelve el alado temblor
de las frágiles ramas indefensas.

LA BOTELLA DE AGUA

Más allá de la noche
Peñamayor ardía inalcanzable.

Padre contaba historias
de maquis atrapados en una guerra
fratricida y cruel
como ninguna.

Abrazados a la botella de agua
nos íbamos ateridos
a la cama.

Sin saber todavía
que aquella guerra
también era la nuestra.
Y la habíamos perdido.

UN MURMULLO DE ADIOSES

El pasado habita entre las brumas
amasijo de dudas y recuerdos.
Enredando con fechas y palabras,
falsifica los datos y los hechos.

Es el duende que agita nuestros sueños
escondido debajo de la almohada.
Ese rostro velado que adivinas
en una foto antigua olvidada.

Es un huésped oculto arrinconado
en un desván repleto de emociones.
Es una algarabía de silencios,
un murmullo de adioses.

CASA EN LA CALLE DE LA VEGA

Hace años que me acerco impaciente
a la casa en la calle de la Vega.

Su lento e inexorable deterioro
ha llegado a tal punto,
que ya solo se mantienen en pie
las dos fachadas.

Por las ventanas
-sin cristales hace ya mucho tiempo-
entre escombros, basuras
y abandonados restos,
aún nos veo a los cuatro
tras la cena
en la mesa camilla
jugando al parchís.

Después, mientras me alejo,
hostigado aun por los recuerdos
vuelvo la vista atrás
y pienso
qué será de nosotros
cuando la casa se venga
definitivamente abajo
y ya no estemos.

DOMINGOS

Recorren los patios de la infancia
derramando orfandad a su paso.

Aguardan emboscados
en las esquinas de la adolescencia
al acecho de la primera decepción.

Para algunos son fiesta,
jornada de descanso,
el día de la fe.

Fútiles eufemismos
incapaces de enmascarar
su esencia: son,
lo llevan en sus tardes escrito,
el lugar más propicio,
para una solemne derrota.

ATARDECER EN LUARCA

Sigilosa la luna sobre el faro mitiga
con su luz paliativa
el lento declinar de la tarde
sobre las lápidas del cementerio.

Nombres, fechas y adioses
se desvanecen
en la espesa bruma
que la lenta pleamar va esparciendo.

Un rumor de ausencias,
de recuerdos lejanos
y de fugaces epitafios
ronda los malecones
mientras mar adentro huye
la agonizante claridad
desterrada.

PROMESAS EN TU PIEL

Llegaste como nieve ardiendo en un sueño
Hiciste de la noche una hoguera en mi cuerpo
Se apagaron las luces para escuchar a ciegas
tu tacto interrogante.
El musgo de una duda empañó tu mirada
Las olas de mis manos arroparon inmensas
tu callar tembloroso.
A tientas dibujé promesas en tu piel.
Como un escalofrío sentí que me llamabas.
Estoy aquí, te dije.
Muy pronto amaneció.

EN EL ESPEJO

Conversamos cada mañana
frente a frente.
Tú me llamas cobarde,
yo a ti, indolente.

¿Cómo te van las cosas?
me dices con desprecio
Nada que tú no sepas,
te contesto.

Luego al darte la espalda,
mientras me alejo,
arrecian tus reproches
en el espejo.

MUERTE DE PENA

Aquí y allá algunos se organizan,
alzan su voz y salen a la calle,
interpelando con rabia a los gobiernos.

Reclaman – y razón no les falta - la abolición
de la pena de muerte.
Me atrevo humildemente a sugerirles
algo más de ambición en sus consignas,
y que le den, al menos,
una vuelta de tuerca a la sintaxis.

Exigiendo con la misma vehemencia,
con idéntica furia
y rotunda firmeza,
la inmediata derogación universal
de la muerte de pena.

EL CONVOY DE LA MUERTE

Un tren destartalado
se detuvo vacío en la estación.

En el andén, filas de cuerpos derrotados
aguardaban el toque de corneta.

Arrastrándose los unos a los otros
fueron llenando de cadáveres con vida
los vagones.

Cuando el brigada dio la orden,
lentamente el convoy
se puso en marcha.

Madres, viudas y huérfanos
agitaban pañuelos
humedecidos por la rabia
-la mirada perdida
para siempre-
La niebla estrangulaba los adioses.

SMOKER'S CORRIDOR

Oportunos y didácticos carteles nos convo
-*Smoker's corridor* - Vivir puede matar, fuma
Hay un mercado negro de cigarrillos y prom
un torpe ir y venir de sueros y esperanzas.
No hay idioma capaz de interpretar sus sign
ni lugar más amargo que este oscuro rincón

Parejas fugitivas y fugaces visitas
intercambian el fuego de la penúltima derro
La mujer de la enagua desvaída y de los ojos
el anciano de la barba amarilla y la mirada a
el joven del pijama azul, los dedos amarillos
y la sonrisa evanescente.

Conmueve la bulliciosa soledad de estos lent
Nada más indefenso que sus vaporosas mirad
Disfrutan cada calada como si fuese su última
mientras a algunos se nos va por los ojos la vi
al contemplarlos.

En l
de a
tu m
fren

Esc
el p
leva
bar
cor

Sus
res
des

O en sol menor

A T. Albinoni, *in menoriam*

s lentas madrugadas clandestinas
uellos años grises
ísica fue bálsamo
e a tanta desolación.

chando en penumbra
ofanado adagio
ntamos
cadas de sueños
ra el sórdido tedio cotidiano.

desgarradas notas luminosas
enan en mis oídos
de entonces.

EL POZO DE LOS SUEÑOS

Jamás se vio en un aula mayor temeridad,
ni volvieron las golondrinas a levantar su nido
en aquella cabaña desde entonces.

Restos de geometría en las paredes
y un álgebra de guarismos truncados por el suelo.
Aún humea la lumbre de los quinquis.

Eran jóvenes cultos, cristianos radicales,
obstinados marxistas,
con un libro de Freire y mucho entusiasmo.
Libre es quien aprende era su lema.

Un día se marcharon
por aquellos caminos embarrados,
dejando tras de sí un eco de lecciones prohibidas,
un clamor de derrotas juveniles intactas.

AQUELLA CORRELACIÓN DE FUERZAS

Nos daban tanto miedo las noches
con su ir y venir de sirenas que recorrían aullando la ciudad,
que hacíamos lo imposible por prolongar la jornada
a base de lecturas, música, profecías y coñac
-la mochila junto a la puerta siempre a punto, por si acaso-.

Con el primer café de la mañana
saludábamos impacientes el nuevo día.

Convencidos de que podría ser el decisivo,
salíamos a la calle
en busca de ese suceso extraordinario
que cambiase de una vez para siempre
aquella correlación de fuerzas
-el régimen estaba a punto de caer, según los estrategas-.

Ahora, muchos años después,
el insomnio suplantó a las sirenas,
los estrategas ocupan subdirecciones generales,
el dictador descansa en su barroco panteón familiar,
y el sueño, a punto de llegar, nunca llega,
por más lecturas, música, remordimientos y coñac
que le echemos.

NORDESTE

Viene desde los pinos de Barayo
un colérico soplo de la mar.
Llega desafiante, arrebatado,
cubierto por una túnica glacial
Agita con su manto invisible los maizales
y la ropa tendida se alborota.
Su presencia es rotunda como un trueno
y un galope de resignadas nubes lo acompaña
Tus besos nunca saben igual cuando se aleja.

MAÑANA DE OCTUBRE EN LA RÍA DE VIGO

A Mavi y Víctor

Arrebata la luz su brillo al agua
-la húmeda piel aún sigilosa y lívida -
Pinceladas de fuego desamparan
su nocturna quietud.

Alas de otoño gris y espuma blanca
se extienden
sobre la inmensa lejanía.

Una eufonía de olas suplicantes
estremece
la orilla somnolienta.

Vendrán gaviotas,
cormoranes, cruceros y delfines
a taladrar su lámina de plomo.

Y un carrusel de niños saltimbanquis,
en un gesto fugaz de bienvenida,
izarán sus cometas contra el viento.

VIVIR EN UN POEMA

A T. Hardy, *in memoriam*

Si pudiese quedarme
a vivir en un poema,
si ello fuese posible,
cogería cuatro cosas,
las más imprescindibles,
franquearía la portada
de este libro de Hardy
y atravesando páginas,
emociones y versos,
llegaría por fin
a esa otoñal morada
-la regata de Henley-
y allí me instalaría
mudo, quieto,
para siempre feliz,
a la deriva flotando
entre barquitos.

HE QUERIDO OLVIDAR

He querido olvidar el pitido de los trenes
cuando lentos pasaban diciéndonos adiós.

He querido olvidar los bailes en la plaza,
y a la noche la hoguera en la fiesta de San Juan.

He querido olvidar las filas en el patio,
y las largas jornadas, tan frías, su humedad.

He querido olvidar las tardes en el río,
nuestros cuerpos desnudos, cansados de esperar.

He querido olvidar los jueves en el cine,
después volver a casa sin nada que soñar.

Pero son, sobre todo, los tediosos domingos
de espera interminable con todo preparado
y Oviedo más allá.

Son aquellos domingos,
sus lentas tardes grises, de adioses sin palabras,
oscuras, sin final.

Son aquellos domingos
lo que más he querido
para siempre olvidar.

PASA EL TIEMPO

Pasa el tiempo,
amarillean las canas,
los otoños se alargan,
los veranos cada vez duran menos.

Pasa el tiempo,
pocas son las visitas,
apenas llegan cartas
a este interminable encierro.

Pasa el tiempo,
la mirada se empaña,
se ofusca la memoria,
arde el silencio.

VIEJOS AMIGOS IMPENITENTES

A Adolfo Navas

Hay penas que conviene
no olvidar jamás;
cuando llegan las dudas
ellas son la verdad.

Hay noches donde aprieta
la oscuridad y sientes
que las horas no pasan,
las detiene el temor.

Hay playas donde gime
la arena y el mar miente.
Las olas traen vestigios
de derrotas lejanas.

Hay madrugadas negras,
eternas, inclementes.
El día nunca llega,
su ausencia es un clamor.

Hay recuerdos tan fieles,
tan presentes:
son ya viejos amigos
impenitentes.

VERANOS EN LA JEVA

A Rosa, Clara, Ana, Marili, José, Andrés,
Pepa, Luismi, Cristina...Jesús,
Antonio, Alonso, Puri...

Éramos demasiados jóvenes aún.
Inmaduros y audaces, llegamos a una pequeña escuela
                                   abandonada
en aquel Sur humilde, austero, silenciado.

Fuimos profesores y alumnos a la vez,
aprendices y maestros de todo.

Torpes funambulistas sobre un frágil alambre
de osadía,
aquel mundo rural desconocido
nos acogió con los brazos abiertos
de un Torcal imponente y majestuoso.

Fueron veranos duros, asfixiantes, intensos;
los más felices, sin duda, de toda nuestra vida.
Aquel paisaje, su inefable pureza y aquellas gentes
nos marcaron a fuego para siempre.

DESDE LA PLAYA DE FREJULFE

He visto el mar venir
amenazante,
por fulgores de espuma coronado,
y en un golpe de viento retorcerse
y arrebatarnos la playa
en un instante.

Le he visto llegar
desafiante,
desgarrarse contra el acantilado
furibundo,
y, humillado y vencido,
retirarse.

Le vi volver después
arrepentido,
y, acercándose bajo un manto de nubes sigilosas,
regalarnos
un inquietante atardecer
de una luz prodigiosa.

PRIMER CUENTO DE VERA

Era una tarde lenta, áspera, de septiembre;
se despedía el verano, su pálpito de luz.
En un breve guasap llegó su primer cuento:
la historia de un gusano y un árbol, sin final.

Era ella hilvanando sus primeros renglones,
creciendo jubilosa, cómplice, hacia el relato.
Pletórica, segura, irrepetible, tierna,
feliz nos enviaba su radiante creación.

Palabras aun temblando en la página en blanco,
dibujos que eran llamas de su inmenso fervor.
Sus seis años brotando a golpe de latidos:
eso es la poesía: el fuego, la emoción.

ZARPAZOS DE MEMORIA

Zarpazos de memoria,
sueños republicanos enterrados,
aún palpitan
en el silencio sepulcral
de las cunetas clandestinas.

En el hueco de un puño pisoteado,
una brizna de incesante esperanza
cada abril
nos convoca.

Suya es la voz que clama,
hace ya demasiados años,
justicia.

TANTA TRISTEZA

Cuando los brazos de mi padre
empezaron a moverse con dificultad,
apenas le alcanzaban las manos
para ahuyentar tanta tristeza.
Las rodillas casi ya no podían
sostenerle de pie ni un suspiro.

Muchos pájaros anidaron confundidos
aquel verano
en las ramas de su fiel pomarada.
-No había podido fumigar,
y serían las manzanas un festín para ellos-
¡Qué pena de manzanas! decía mi padre.
¡Qué final tan injusto! pensaba yo.

A LA INTEMPERIE

Del verano se vuelve con los ojos cerrados,
con los sueños soñados,
con las manos vacías,
y la maleta llena de arena de Frejulfe.

Del verano se vuelve sin querer,
ofendido, extraviado,
con los brazos caídos
y los labios sellados para no arrepentirte.

Del verano se vuelve a la deriva,
peregrino indeciso,
un libro casi a punto
y ese miedo perenne a intentarlo otra vez.

Del verano se vuelve renegando, proscrito,
condenado a un nuevo año sin ti,
lejos del mar,
a la intemperie.

ARDEN LOS CALENDARIOS

Hay una edad que te aproxima al abismo,
al letargo, a ese oscuro
temblor de la hojarasca.

Es la edad del recuento,
del desconsuelo infinito,
del fingido pudor.

Es una edad para horadar el miedo,
para lacrar el llanto
sin cifras ni etiquetas,
para huir con la noche, sin luna,
destronada.

Una edad donde los sueños enmudecen,
arden los calendarios,
e intrascendente se desmorona
eso que llaman porvenir.

Es la edad de los adioses extraviados,
de los abrazos suspendidos,
de los olvidos para siempre.

La edad donde el caudal de vida
se remansa sin márgenes,
próximo ya el infinito mar del más allá.

ABANICO DE LUTOS

La noche esparce alas
ciegas sobre los campos.

Los pájaros regresan
al párpado del bosque.

La soledad despliega
su abanico de lutos.

En un profundo surco
naufraga el horizonte.

Lentamente se apaga
otro domingo gris.

COX WARD: EL RABINO

Para acercarme la humedecida toalla
que la frente encendida de Miguel reclamaba impaciente,
atravesaste las inmensas alambradas de odio
que separan nuestros pueblos
desde calendarios inmemoriales.

Para ayudarte con el vaso de zumo
que tu mano herida no conseguía llevarse a la boca,
escalé el Sinaí de incomprensión
que desde hace demasiados siglos
nos aleja.

Qué pocas cosa hacen falta
para superar esa atávica enemistad:
una mano inocente aprisionada por unas vendas blancas,
un hijo valiente atrapado en un túnel de fuego
y ese idioma universal del dolor que todos conocemos.

LA DESDICHA

La desdicha es el ruido que ensordece a los pobres,
un estruendo ancestral que los mece en la cuna
y se mama en silencio como se mama el hambre
en los pechos ardientes de las madres hambrientas.

La desdicha es un frío que te hiela sangre,
sabañones de pena que revientan las venas,
se mitigan a base de dolor y derrotas,
así curan los pobres su soledad perpetua.

La desdicha te atrapa en su fatal designio,
no hay redención posible ni paraíso alguno.
El final está lejos del cielo prometido,
ese cielo imposible al que no llegan nunca.

UN IDILIO SAGRADO

A Carmen, Marifé, Ana y Mari Cruz

A veces la amistad no es más que eso:
un alto en el camino, una charla animada,
un contar sin secretos, como si nada,
un menú de once euros, vino, gaseosa y agua.

A veces la amistad no es más que eso:
una cita, un encuentro añorado,
las pequeñas batallas del pasado
(Marifé, que tan joven, ya se ha jubilado).

A veces la amistad no es más que eso:
escucharnos, decirnos, comprendernos,
compartir las derrotas, los proyectos,
fotos, unos regalos, nuestros sueños.

A veces la amistad no es más que eso,
algo que ni merece la pena ser contado:
una terraza, cinco personas, una mesa,
una tarde de junio, un idilio sagrado.

TARDE DE LLUVIA EN VEIGA

Al compás de una lluvia desganada
decae con sosiego
la tarde.

Las nubes amordazan
con su manto de plomo
el paisaje.

Un espeso silencio difumina
los últimos latidos
del crepúsculo.

En la orilla fatigada del día
se desangra
abatido
el horizonte.

ANIVERSARIO

Sumo noches y días,
primaveras y otoños junto a ti.

Sumo alegrías, derrotas,
desencuentros.

Sumo pérdidas, abandonos y tormentas.
Sumo hasta donde no me alcanza la memoria.

Y al final siempre salgo ganando
por tenerte a mi lado
tantos siglos
sin haber renunciado a ser tu misma.

DECLARACIÓN DE INTENCIONES

No volveré a hurgar en los recuerdos
De aquellos años nada contaré nunca jamás
Naufragaré en la misma duda
las veces que haga falta.

De los mismos errores
que tantas veces cometí,
cada día que pase
no me arrepentiré.

De esos labios tuyos, que fueron
algunas tardes míos,
aunque transcurran años,
siglos de sed de besos,
jamás me olvidaré.

De aquella infancia tuya,
mía, nuestra,
de aquella infancia, insisto,
jamás regresaré.

TORMENTA

La tormenta dinamitó la tarde,
retumbó su tambor en los bosques cercanos,
ocultó la Atalaya,
agitó el mar.

Al regresar la calma
quedamos tú y yo a solas,
indefensos,
ausentes.

En un grito de cólera
a lo lejos,
derrotado al fin,
el trueno huía.

AGOSTO EN LAVAPIÉS

Muñecas marchitándose en los bazares
Biombos desafiantes
delimitan turbios escaparates de abalorios
Lujuriosas promesas estranguladas en las esquinas
Pájaros invisibles con las alas ardiendo.

Calle abajo, en extraños idiomas,
mienten oscuros transeúntes.
La ambulancia reparte cínicas sobredosis de esperanza.
Tirita tras un velo de tul
una pálida muchacha ofendida.

Mientras el resto de Madrid agoniza,
los nietos de aquellos hijos de Mahoma
elevan sus plegarias
sobre un asfalto incandescente
que supura
fervorosas oleadas de ira.

EL MIRLO NEGRO

Hoy ha vuelto al balcón el mirlo negro
El plumaje empapado.

Su canto,
prodigioso y sutil como un gemido,
puso fin a una noche de tormentas,
casi a punto de arder el postrer sueño.

Aún llovía
cuando al salir con unas migas de pan
lo vi marcharse.

Una luz cegadora amanecía.

PAVESAS DEL DESTINO

¿Y si fuera el silencio
la última morada
de palabras que aún te aman?

Antonio Herranz

A cierta edad
no somos más que un eco.
Asomados al precipicio de la vida
podemos vislumbrar a lo lejos
las cenizas del tiempo transcurrido,
rescoldos de lo que fuimos
sin saberlo.

Apuramos las horas
persiguiendo el pasado.
Pavesas del destino,
rodeados de silencio,
atesoramos en forma de recuerdos
palabras que aún nos aman
en el túnel del tiempo.

HAILEY WARD

Jimmy se hace el dormido. Navega en sueños,
se sobresalta y regresa a su nido de algodón y morfina.
Richard reside en Londres, en el distrito seis;
sus riñones sobreviven aquí por temporadas

También está Ibrahim. No le sucede nada,
pero le gusta compartir su tristeza
y que le acaricien sus maltratados pies
las tibias manos de las enfermeras blancas.

Gerad está muy grave
Es la tercera operación en seis meses
Tiene más aparatos que nadie, más dolores que nadie,
más dudas que nadie.

Los ciento cuarenta y cinco kilogramos de Isaías
yacen inertes;
imploran taciturnos una última oportunidad.
El corazón se ha cansado de bombear tanta miseria.

También está Miguel – el turco –
Soñó que un sueño le incendiaba la casa,
quiso avisar a los demás y voló por los aires
para alcanzar la luna (su talismán de fuego).

HIPÉRBOLE MORTAL

En la anónima planta de paliativos
de aquel escandaloso negocio,
mal llamado Residencia de la Tercera Edad,
mientras te ibas a una velocidad vertiginosa,
sin ni siquiera darme tiempo a despedirme,
pronunciaste las que serían tus últimas palabras:
"tengo la sed de la agonía".

Posiblemente la menos metafórica hipérbole
que jamás se haya dicho.

Y ya no estabas.

POSTAL PARA CARLA

(Al cumplir doce años)

Fulgen en su mirada estrellas plateadas
Lunas de terciopelo adornan su sonrisa
Navegan por su frente océanos en calma
Pétalos sonrosados arden en sus mejillas.

Cuando ella habla sonríen los diccionarios
Lo celebran los colores cuando ella dibuja
Su presencia redime de todas las desgracias
Cada día a su lado es algo irrepetible.

Una lágrima suya incendia el desamparo
Ante una injusticia su rostro se marchita
Es discreta, radiante, sincera, soñadora
¡Prodigiosa criatura! Verte crecer me salva.

LA SARTÉN POR EL MANGO

En estuches de plata perfumados
depositan su aliento envenenado.

Corbatas de cachemir ahogan
sus delicados cuellos
de caimán.

Te dan la mano
y sus pupilas arden lascivas
al acecho de tu primera reverencia,
con la sonrisa espuria de quien sabe
que tiene la sartén por el mango.

CUÁNDO LLEGA LA NOCHE

A mi madre

Hay un color de nieve gris ardiendo,
preludio de una fría madrugada.
Cuándo llega la noche, balbuceas
Cuándo llega el final, creo entenderte.

Me preguntas si llueve, casi a diario,
te impacientas porque no está Pepe.
Es muy tarde para estar en el banco,
hace mucho que no viene a verme.

Qué realidad habitas cuando duermes
En qué abismo fatal te precipitas
Qué terrores corroen tus silencios
Qué pálpito brutal te resucita.

Tu recuerdo será el fiel refugio
al que huérfano acuda cada día
cuando queme el vacío de tu ausencia
en este otoño profundo de la vida.

NIÑO DESAHUCIADO

Inmisericorde cuartea el sol
a la puerta de la que fue su casa,
el rostro de ese niño
que restriega con agua helada
las legañas
que la codicia ha sembrado en sus ojos.

Su lacerante desamparo
-portada de todos los diarios-
nos acusa.

Y todo es baldío:
el dolor que no cesa,
el hambre que amenaza nuestro lujo,
este escribir sin alma.

DESTERRADA LA LUZ

Amenazada en su esplendor
la tarde huye,
se adentra en la brumosa orilla
de otro día malogrado.

Titilan a lo lejos
destellos de efímeros sueños.

Y en los calcinados escombros
del olvido implacable,
aviva la memoria
ascuas de apagados recuerdos.

Un alud de silencio nos sepulta
Desterrada la luz, la noche vence

INSOMNIO

Tú duermes,
yo he vuelto a llegar tarde al primer sueño
-Nunca sabemos cuándo vendrá el siguiente.

Contra la almohada
-coraza donde se amortiguan los silencios-
cierro los ojos
como si fueran puños,
como si fueran gritos
de alguien que pide auxilio
en lo más hondo de la noche.

Cierro los ojos
mientras huyo de mí
oscuridad adentro.

PERSISTENTE GALERNA

Acaricia la lluvia tu rostro inocente
Lágrimas sigilosas desnudan tus pupilas.

Reaviva el desamparo un rescoldo de ausencias,
de sauces en penumbra,
donde la tarde naufraga sin rumbo ni memoria.

Temerosas palabras se deslizan
hacia versos malogrados, furtivos.

Fragmentos de un adiós desolado
avanzan en feroz oleaje.

Persistente galerna tu recuerdo.

ERRANTE PALIDEZ

La luna,
en su errante palidez
repudiada,
recoge con un débil suspiro
sus delicados hilos de nácar invisibles
para que no los hieran
a traición
con sus flechas de fuego
los primeros rayos furtivos
del amanecer.

Y NO HAY NADIE

…la nada en el cristal indiferente de la vida.

Juan Luis Panero

No pronuncies esa palabra
si no quieres.
No la escribas,
engáñate a ti mismo.
No la digas jamás
ni desafíes al destino.

Pero dime de verdad lo que sientes
cuando cada mañana,
insolente el espejo
te mira fijamente a los ojos
y no hay nadie.

LOS ÚLTIMOS LATIDOS DEL VERANO

Hay un rumor de nubes
en el cielo,
un frenético ir y venir
de gaviotas sin rumbo,
una vertiginosa tempestad de presagios.

Hay una lentitud aciaga
en el ambiente,
una insaciable luz,
hambrienta de oscuridad oculta,
en retirada.

Es uno de esos días cenicientos
en los que el calendario desconcierta,
la esperanza claudica
y en el vasto horizonte se congregan
los últimos latidos del verano.

IRREVERSIBLE OSCURIDAD

Para que la noche
no me abrase
con sus dardos de ausencia
envenenada,
reclamo luz,
un alba.

Un relámpago al menos
que profane
esta rotunda
y rigurosa
oscuridad
irreversible.

ÚLTIMO SUEÑO

Antes de que la luz irrumpa con su caos
de estériles fulgores
y claridad baldía.

Antes de que la madrugada me sorprenda
atrapado en este lóbrego túnel
sin salida.

Antes de que el coro de voces impostadas
me reclame para otra jornada
decisiva.

Dejadme disfrutar mi último sueño,
próxima ya la meta inexorable,
de este viaje sin rumbo
a la deriva,
de este peregrinar
interminable.

LA NOCHE INMINENTE

No habrá nada
después de aquel lamento.
Después de aquellos ojos mintiendo tierra adentro
no habrá nada.

Apenas una noche
negra, definitiva, eterna,
sin piel que reconozca la caridad del tacto,
ni el fuego del aliento.

No habrá nada:
un eco imperceptible,
un aullido a lo lejos,
un rumor de carcomas taladrando el silencio.

OTRA VEZ

Otra vez con la tarde los silencios,
un pausado caer de hojas dormidas.

Otra vez se amontonan los recuerdos,
-vacilantes, recónditos,
inciertos-
las pérdidas, la dudas y los miedos.

Volverán lentas horas de sosiego:
música, paz, lectura y, a lo lejos,
densos bosques
tiñéndose de luto
con sus ramas desnudas
sin aliento.

AGRADECIMIENTOS

Lola Talavera, Antonio Herranz, Penélope Pedreira y Alfonso Peláez, ayudaron en el camino, apagando fuegos innecesarios. Carmen estuvo siempre. Celina A. Neves y Miguel Ordóñez lo vistieron de fiesta. Elena López lo puso en sociedad. Adolfo Montejo Navas, hizo de viento y guía. Francisco Márquez, esa batuta imprescindible siempre (y su paciencia).

ÍNDICE

Tan *in loco* como *in memoriam* (Volante)

Viajar para ese territorio llamado memoria, siempre pareció fácil, tentador, por lo menos, aparentemente, cuando ella está dominada, mansa, em formol, clasificada, como si fuese un museo temático más, a ser posible incluso de cera. Pero las apariencias engañan todavía más cuando de lo que se trata es de otro itinerario más abisal, menos seguro y calcinado que una visita guiada, cuando el combate no es sólo contra el olvido y sus promesas de cenizas, sino contra un determinado tipo de memoria protocolar (segura, rentable). La verdadera poesía no sabe de esos juegos malabares con la subjetividad, de esa instrumentalidad, y sí de un campo abierto, de un cara a cara con los signos, y sobre todo, con lo que no se rige por el dios cronos y sus compartimentos. Esa idolatría aún mayor ahora que la velocidad reparte las cartas del tiempo. De ahí que cada poema sea una hendidura, otra interlocución posible, brecha, en la que el lenguaje se venga de los absolutos, los universales o de la necropolítica, el imperio de thanatos (hay una parecida actitud a la de Elías Canetti contra la muerte). Aquí, el duelo, es el de las armas necesarias, no en el sentido de mortaja o luto, porque está como potencia. De revelar, volver a velar.

En este maravilloso título para corresponder al poemario, *La hoguera del olvido*, se pude escuchar también el eco lejano de aquel verso de Borges, que decía que, si alguna cosa no había, ésa era el olvido. El libro de Juanjo Ordóñez promete eso, una certidumbre lírica del tiempo incorporado (su Kairós implícito y encarnado) como contrapartida: oír las chispas del fuego, las cintilaciones de las palabras y las imágenes, para dar cuenta de cómo la arquitectura de la emoción de la vida habla más del flujo del tiempo y no de la edad (y sería injusto citar un verso, vivir en un solo poema, un ejemplo a la postre reduccionista). Latitudes a la búsqueda de coordenadas, sinestesias al encuentro de fronteras. Aquí no hay una historia ni una narrativa sino un mapa (también moral). Una cartografía moviente, donde el yo es cada vez más nosotros. En *La hoguera del olvido* se oye el eco de una respiración en cada experiencia poemática, el crepitar de un tiempo resucitado – una celebración tan *in loco* como *in memoriam*.

Adolfo Montejo Navas (XII, 2023)

LA HOGUERA DEL OLVIDO